나는 아무래도 시를 써야겠다

나는 아무래도 시를 써야겠다

초판 발행 2020년 12월 17일
지은이 창시문학회

펴낸이 안창현 **펴낸곳** 코드미디어
북 디자인 Micky Ahn
교정 교열 최기주
등록 2001년 3월 7일
등록번호 제 25100-2001-5호
주소 서울시 은평구 갈현로 318-1 1F
전화 02-6326-1402 **팩스** 02-388-1302
전자우편 codmedia@codmedia.com

ISBN 979-11-89690-46-5 03810

정가 12,000원

이 책의 판권은 지은이와 코드미디어에 있습니다.
잘못 만들어진 책은 교환해드립니다.

창시문학 스물세 번째 작품집
나는 아무래도 시를 써야겠다

회장 인사

창시 문우님, 한 분 한 분
한 해 동안 창시에 보내주신 애정과 관심에 깊은 감사를 드립니다.
올해도 어김없이 한 해의 결실을 마무리하는 작업으로 동인지를
출간하게 되었습니다.
2020년도에는 또 다른 전쟁을 치르면서 개인적으로는 집중하지 못한
아쉬움도 있지만 그럼에도 함께여서 견딜 수 있었습니다.
따뜻한 동인들과 애써주신 지연희 선생님을 모시고 의미 있는
『나는 아무래도 시를 써야겠다』 동인지를 자축하며
다시 못 올 2020년 안녕!

창시문학회 회장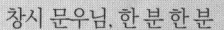

서문 | 序文

불확실한 한 해의 혼란 속에서도

지연희(시인)

　　　　　무엇을 말하고 무엇을 마음에 담아야 할지 모를 만큼 혼란한 시기를 지내고 있다. 이제는 그 이름조차 거론하기 버거운 '코로나 바이러스19' 확진율이 시소를 타듯 그 수치가 오르고 내리기를 반복하며 생명을 위협하고 있는 상황이다. 대한민국 엄연한 문인이면서 사회와 인류를 정화하기 위한 책무가 있다는 시인은 무엇을 하고 있는 것인가에 대하여 고뇌하지 않을 수 없다. 무엇 때문에 이 파국의 수렁에서 헤어나지 못하는 것일까?

　철원 평야 농약을 먹고 죽은 두루미 한 쌍의 슬픈 사연이 가슴을 에이게 한다. 수컷 두루미가 농약을 먹고 죽음에 이르자 암컷 두루미가 수컷의 목줄에 자신의 목을 감아 함께 목숨을 잃은 순애보를 잊을 수 없다. 평생 일부일처를 고집한다는 두루미 한 쌍의 애틋한 죽음의 이유가 생산의 확대를 위한 무모한 인간의 욕심이었다면 자연을 훼손한 우리 모두의 죗값이 바이러스를 양산한 셈이 된다.

　청정한 평야에 겨울 철새들이 날아와 한 계절을 풍미하고 있다. 떼 지어 나르는 아름다운 철새들의 날갯짓은 태초에 창조주가 이룩한 자연의 모습이다. 그러나 저 새들의 개체수도 점점 소멸되고 있다. 자연재해로 죽음에 이르는 동 식물의 숫자만 해도 해를 거듭하며 기하급수로 확대된다고 한다. 삶의 편리를 취하기 위한 우리들이 버렸던 자연의 아름다움이 사라져 남는 건 무엇일까.

 조금씩 물질문명의 이기에만 편승하지 말아야 할 것 같다. 불확실한 한 해의 혼란 속에서도 열심히 시 창작에 몰두해 주신 창시문학인 여러분께 감사드린다. 건강을 지켜주신 여러분께 감사드린다. '그럼에도' '그럼에도' 하면서 우리에게 주어진 '시인' 이라는 사명을 지켜나가고 계신 여러분은 늘 새로운 시어를 창작해 내는 창시創詩자 들이다. 2021년 새해를 희망차게 맞이하시기 기원한다.

Contents

회장 인사 · 4
서문 · 6

박하영

꽈리 불기 _ 15
내가 못됐다 _ 16
머리 허연 사람 _ 17
고백 _ 18
황혼의 쓸쓸함 _ 19
계절의 끝 _ 20
그래도 살아야지 _ 21
생각의 저장고 _ 22
바람에게 부탁한다 _ 23
조금만 기다려 줘 _ 24

장의순

8월 중순에 접어들면 _ 26
가을이 깊어가네 _ 27
나는 아무래도 시를 써야겠다 _ 28
마스크 _ 29
잃어버린 일상 _ 30
인생은 변주곡 _ 32
초승달 _ 33

백미숙

갈색 낙엽 _ 35
가을 속에서 _ 36
고단한 삶의 마침표 _ 38
구름의 눈물 _ 40
몽골의 사막에서 _ 42
사랑은 _ 43
산으로 _ 44
외할머니 _ 45
조각 이불 짜깁기 _ 46

전정숙

500원 _ 49
가을에게 _ 50
괜찮아 _ 51
그곳에 가면 _ 52
그날을 위해 _ 53
떠올라서 _ 54
문득 _ 55
추억의 조각 _ 56
한 편 _ 57
한걸음 _ 58

Contents

김용구

자연이 숨 쉬는 남도 강진 _ 60
가을 부산 여행 단상 _ 62
문학 동호인 가을 소풍 소묘 _ 63
백선엽 장군을 기리며 _ 64
삶 속의 만남 _ 65
안성 팜랜드 _ 66
여름 하루 _ 67
을숙도를 찾아서 _ 68
조병화 문학관을 찾아서 _ 69
화담숲을 찾아서 _ 70

김건중

9월의 창 _ 72
꿈은 깨진다 _ 74
순환 _ 76
바람은 부는데 _ 77
살구 _ 78
흔들리는 망루 _ 80
그때가 거기 서 있다 _ 81

윤복선

그 사람 _ 83
마른 꽃 _ 84
별처럼 _ 85
슬픈 새의 집 _ 86
종소리 _ 87
천 원의 저녁 _ 88
터널 _ 90

이종선

가을 하늘 _ 92
나를 달래며 _ 93
슬픈 인연 _ 94
승봉도 _ 95
어둠의 늪 _ 96
추적이던 밤 _ 97
하늘 높은 날 _ 98

Contents

박진호

음악 _ 100
함께하는 _ 101
무엇일까 3 _ 102
점점 _ 103
비 _ 104
벽과 바람 _ 105
고드름 _ 106
찰나의 미 _ 107
불꽃 _ 108
데칼코마니 _ 109

강정임

극락조화 _ 111
매화 _ 112
목련화 _ 113
작약 _ 114
산수유 꽃 _ 115
철쭉꽃 _ 116
해바라기 _ 117

임복주

가을 _ 119
가을 교정 _ 120
나를 부르는 이름 _ 121
낙엽비를 맞으며 _ 122
당신 _ 123
마른 햇살 _ 124
바람 냄새 _ 125
여고 동창생 _ 126
여름을 보내며 _ 127
한줄기 빛 _ 128

이주현

그리움 _ 130
무임승차 _ 131
시원해지고 싶다 _ 132
이별 _ 133
삼천 대천세계 _ 134
가을비는 아프다 _ 135
허공 _ 136
그대는 말이 없고 _ 137
수덕사 풍경소리 _ 138
사금파리 _ 139

박하영

지나고 나면 모두 아름다운 추억
거꾸로 세월이 흐른다면
지난날 이루지 못한 꿈 다시 붙들고 싶다
잃어버린 첫사랑 다시 찾고 싶다

꽈리 불기 | 내가 못됐다 | 머리 허연 사람 | 고백 | 황혼의 쓸쓸함 | 계절의 끝
그래도 살아야지 | 생각의 저장고 | 바람에게 부탁한다 | 조금만 기다려 줘

PROFILE

『창조문학』시 부문 신인상, 『현대수필』신인상 수상. 창시문학회 회장, 문파문학회 회장 역임. 현대수필, 분당수필 회원. 수상 : 창시문학상. 저서 : 『바람의 말』『직박구리 연주회』.

꽈리 불기

어렸을 적 꽈리 불던 기억이 난다
뽀드득뽀드득 그 소리 너무 신이 났다
그걸 누가 알았나
내 머릿속에 꽈리가 자라고 있다고
모르면 몰랐을 텐데
의사 선생님이 용케도 초음파로 그걸 찾아냈다
입으로 부를 수도 없는 고약한 꽈리
내버려 두면 언젠가 터져버릴 줄도 몰라
수술해야 된다고 엄포를 내리신다
내가 살아오면서 남에게 해로운 일은 안한 것 같은데
다른 것도 아니고 뇌 수술 소리에 놀랄 수밖에
뇌 수술 말고 시술하면 안 되겠느냐고 반문하니
시술도 할 수 있다고 슬며시 말을 바꾼다
휴 한숨이 절로 나온다
수술 아닌 시술이란 말에 이렇게 기분이 달라지다니
분명 나를 지켜 주시는 분이 계시다는 걸 깨달았다
이제 꽈리를 부르라고 가져다주면 고개를 돌리겠다

내가 못됐다

칫솔질하고 입안을 헹구면
입안은 깨끗해졌지만
컵에는 물때가 자주 낀다
잔소리하며 남편이 물컵을 닦는다
어쩌다 이리 됐을까
설거지 청소까지 도와 주건만
그래도 난 피곤하다
겨우 밥하고 빨래하는 것만으로도 지친다
피로가 쌓이면 병이 되는 법
남편이 알고 도와 주니 그나마 내가 산다
잔소리 안 하고 해주면 100배 고마운데
어쩌다 잔소리하면 반성은커녕
차라리 내가 하겠다고 나선다
이런 내가 참 못됐다

머리 허연 사람

젊었을 땐 성질 급한 그인
점잖은 척한 나를 보고
좀 빠릿빠릿 약삭빨랐으면 좋겠다 하고
좀처럼 말대답하지 않는 나를 보고
입은 두어서 어디 쓰냐 하고
서로 다른 성격이 만나 은근히 마음고생했다
수 십 년 살다 보니 이젠 내가 큰소리친다
외출할 때도 내가 먼저 나가 빨리 나가 기다리고
먹는 것도 내가 빨리 먹는다
내가 힘든 줄 이제 아는지 도울 일 없냐고 묻고
설거지는 자기 담당이라고 손 못대게 하고
청소 쓰레기 분리수거도 도맡아 한다
청소기 돌아가는 소리가 싫다고
나 없을 때 하면 안 되겠느냐고 오히려 큰소리친다
오래 살다 보니 젊었을 때 서슬 퍼렇던 성격 다 어디 가고
나 도울 일 없나 살피는 머리 허연 사람 되었다

고백

한번 빠지면 헤어 나올 줄 모르는 멍청녀
한번 사귀면 영원일 줄 아는 착각녀
한번 다니면 그 길만 길인 줄 아는 답답녀
마음을 빼앗아도 싫다 좋다 뱉을 줄 모르는 묵묵녀
아파도 병원 가기 싫어 뭉개는 소심녀
어지간하면 남이 하자는 대로 따라가는 두리뭉실녀
매주 만나다가 한 번만 빠져도 너무 보고 싶어지는 궁금녀
빨리 나가면 오히려 서먹서먹한 평생 지각녀
그렇게 지난 지 스물두 해
나의 잔뼈가 굵고 귀가 닳아진 창시 문학
마음을 터놓고 소통했던 교수님과 문우들과의 오랜 만남
코로나 핑계 대고 몸이 아프다고 게으름 피운 올 한해
이젠 그만 코로나도 물러가고 일상으로 돌아오길
아픈 내 몸도 정상으로 돌아오길
정화수 떠놓고 비는 간절한 마음

황혼의 쓸쓸함

길가의 가로수 어느새 나목이 되었다
길 위에 쌓인 낙엽들 스산한 바람에 뒤척인다
저 모습 나인 것 같아 가슴속에 찬바람이 인다
언젠가는 다가올 황혼의 쓸쓸함
노을빛이 스러지면 곧 어둠이 오겠지
그 어둠 속에서 깨어날 수 없다면
오늘이 나의 최후의 날
세상은 넓고 갈 곳도 많은데
갑자기 내 인생은 끝으로 내닫는가
좋은 집 좋은 옷 부귀영화가 무슨 소용 있을까
내가 없다면 아무 쓸모 없다
보잘것없는 내가 존재한다는 게
가로수 나목처럼 쓸쓸하고 처량하다

계절의 끝

바람이 차갑다
외투 깃을 올리고
어디론가 길을 나선다
약속도 없으면서
누군가를 만날 것처럼
가슴은 왜 이리 설렐까
저물어 가는 계절의 끝에 서서
못다 한 이야기 주저리주저리 나누고 싶은데
누군가 오겠다는 소식도 없는데
마냥 걷다 보면 저 길 끝쯤
반가운 누군가가 불쑥 나타나
오랜만이라고 말을 걸어올 것만 같다
그래도 무심한 척 고개를 떨구고
가던 발걸음 멈추지 않으리

그래도 살아야지

코로나19로 찌든 한해
숨 한번 크게 내쉬고 싶어도
입을 가려야 하는 그놈의 마스크
가는가 하면 다시 몰려오고
온 세계가 골머리를 앓고 있다
연말이 다가오니 무시무시한 숫자가
세계를 경악게 한다
맘 놓고 보고픈 사람 만날 수도 없고
가고 싶은 곳 갈 수도 없으니
찡그린 이마에 새겨진 내천자
그래도 살아야지
마스크를 끼고도 악착같이
일을 찾는 사람들
하고 싶은 거 다하고
먹고 싶은 거 다 먹고
만나고 싶은 사람 다 만나는
그날까지 죽지 않고 살기로 한다

생각의 저장고

나이 탓일까
건강한 날들만 있지 않다
돌연 어딘가 아파 병원을 들락날락한다
아프니까 운명이라고 핑계 댄다
운명의 날이 문밖에 대기하고 있다
좋은 생각만 해도 모자랄 판에
쓸데없는 생각으로 머릴 썩혔을까
생각의 저장고에 문제가 생겼다
위험천만의 꽈리가 자라고 있었다니
폭발하기 전 처분해야 한다
깊은 사유의 늪을 건너지 못하고
퐁당 빠지는 건 아닐까
아직 마무리하지 못한 내 인생
조심조심 저 늪을 건너서
온전한 생각의 저장고를 건져내야지

바람에게 부탁한다

자꾸만 옷깃을 여미는 계절
바람은 헤프게 가슴팍을 파고든다
주마등처럼 스쳐 지나가는 지난날들
기쁨 슬픔 아픔들을 허공으로 날려 보낸다

지나고 나면 모두 아름다운 추억
거꾸로 세월이 흐른다면
지난날 이루지 못한 꿈 다시 붙들고 싶다
잃어버린 첫사랑 다시 찾고 싶다

계절을 바꾸는 바람에게 부탁한다
세월을 거꾸로 돌려달라고

조금만 기다려 줘

기차가 떠나려 한다
조금만 기다려줘
숨 가쁘게 달려가며 외친다
달리다 쓰러지면
기차는 모르는 척 지나가겠지

강을 건너려고 강가에 왔다
건널 수 없다고
기다려야 한다고
시퍼런 강물은 넘실거린다

아직 못다 한 일 마무리 짓고
보고픈 사람 꼭 만나고
쓰고 싶은 글 끝까지 쓰고
필요 없이 쌓아놓은 잡동사니 다 버리고
훨훨 가볍게 오라 한다

지금은 몸이 무거워 저 강을 건널 수 없으니

장의순

초겨울의 냉기가 살갗을 파고든다.

따스한 정이 그립다

나와 인연이 닿는 모든 이에게 축복을 -

8월 중순에 접어들면 | 가을이 깊어가네 | 나는 아무래도 시를 써야겠다
마스크 | 잃어버린 일상 | 인생은 변주곡 | 초승달

PROFILE

『문학시대』시 부문 신인상으로 등단. 한국문인협회 회원, 용인문협회원, 시대시인회 회원. 창시문학 회장 역임. 문파문학회 운영이사. 문파문학상, 창시문학상 수상. 저서 시집『아르페지오네 소나타』『쥐똥나무』.

8월 중순에 접어들면

1
쳐~억 척
매미가 방충망에 붙어 우렁차게 울면
여름의 막바지다
열흘쯤 지나면 시끄럽던 매미도 조용해질 테니까
모두 다 짝을 찾고 나무껍질에 알을 낳고 세상을 하직할 것이다
해마다 내가 지네들을 좋아하는 걸 알고 18층이나 되는 우리 집 방충망에 붙어
'날좀 보소' 하고 고래고래 소리 지른다
'오! 너가 또 왔구나'하고 반기며 사진을 찍곤 한다.
싯끄명 몸뚱이가 엄지만 하다
'매미야! 나를 만나려고 그 많은 날을 얼마나 고생을 했니'
알겠다며
목청껏 한참을 노래하고 후욱 떠난다
여름이 간다.

2
산책길에 접어들면 온통 매미의 합창이 숲을 뒤흔든다
너가 있어 여름이 여름 같아 오히려 시원하다
숲과 매미는 여름의 상징
너의 노래가 있어 여름이 더욱 활기차고 풍성하다.

가을이 깊어가네

하늘은 왜 저리도 서럽도록 푸른가

그리고는
더 이상의 표현이 생각나지 않는다
이미 유명 시인詩人들이 다 써먹어서 이삭조차 낯설지 않다

구르몽, 베를레느, 발레리. 레나우, 릴케, 헤세,
우울하면 길을 걷자
옛 시인의 시구를 떠올리며
살갑게 느껴지는 가을 햇살을 온몸으로 받아보자

유리알처럼 맑은 하늘도 좋고
근심스런 회색 구름도 좋다
나뭇가지를 애무하며 지나는 바람 소리와
길 위에서 서걱이며 맴도는 마른 잎 소리는
세상의 어떤 음악보다도 선善한 인간을 만든다.

나는 아무래도 시를 써야겠다

흔들리지 않으면 혼魂이 나간 게지
달리*의 〈기억의 지속〉
나뭇가지에 걸쳐진 널어진 시계
이전에 흔들림이 있었기에 정지된 고요가 긴 여운을 준다
동動과 정靜은 어쩌면 삶과 죽음을 의미한다
내가 다시 시詩를 쓴다는 것은 진정 내가 살아 있음이다
시詩를 떠나면 우울하다
오늘 산책길 언덕에서 바라본
바람에 흔들리는 하얀 풀꽃의 아름다움을
먹먹한 머릿속을 관통하는 바람, 바람이 있었기에
나는 아무래도 시詩를 써야겠구나.

---

* 살바도르 달리(Salvador Dali) : 스페인 초현실주의 화가(1904~1989).

마스크

1
숨이 차다
모자까지 눌러쓰니 내가 아니다
불편한 것만큼 행동이 자유로워지는 것은 무슨 까닭일까
아무도 모를 거야, 내가 미인이 아니라는 걸

학창 시절
가장행렬 속에 내 던져진 자신의 모습처럼 자유롭다
그때
반세기 더 전엔 내 젊음도 반짝였으니까
이제 향수(鄕愁)를 먹고살지

마스크는 가면의 사촌
화장술로 위장하지 않아도 젊음을 되찾은 기분이다.

2
이탈리아와 스페인에서는 우한 폐렴으로 많이 죽었다
빛나는 태양 아래
붉은 숨을 토해내는 태양을 향해
오 솔레 미오를 부르고
목숨을 걸고 투우를 즐기는
라틴 민족의 열정적인 정서가
마스크를 허락하지 않았나 보다.

잃어버린 일상

날개가 있어도 날수 없다
한정된 공간에서 제자리걸음만 할 뿐
문명의 이기를 애써 외면한다
친구들과 이마를 맞대고
정겨운 대화를 언제 다시 나눠볼까

코로나19
우한에서 날아온 바이러스
보이지도 잡히지도 않는 미세한 생명체가
위대한 인간을 공격한다
사람과 사람으로 소리 없이 전염되어
귀한 생명이 수천 명 수만 명이 죽어간다
맹수보다도 무서운 바이러스 앞에
우리의 방패는 고작 마스크뿐
나약한 인간의 한계를 본다

코로나19
태양을 닮았다고
어원이 왕관이었네
누가 이 바이러스에게 거창한 이름을 붙였을까
고마운 태양에게 인간을 죽이라는 허락이라도 받았단 말인가

우리는 물리적으로 저항할 수도, 기도만 할 수도 없는 현실
온 세상천지를 몰아치는 이 비극도 자연이라 간주해야 하나

인간에게 진짜 무서운 것이 미세한 것이라는 철학을
새삼 새겨본다네
부자나 빈자나, 젊은이나 늙은이나
반 가면을 썼으니 모두가 똑같은 신분일세.

인생은 변주곡

같으면서도
똑같지 않은
같지 않으면서
똑같은 나날들
탄력 있는 행성의 궤도를 오르내리고

빙글빙글
기억 속에
SP의 낡은 레코드판이 돌아간다
찍찍 거리며
라벨*의 볼레로

그 속에서
우리는
다시 새날을 맞이하고
보내고
맞이하고

인생은 변주곡이다.

---
* 라벨(Maurice Ravel) : 프랑스 작곡가(1875~1937).

초승달
- 집으로 가는 길

고개를 드니
서쪽 하늘이 산뜻하다
똘망한 샛별 하나 거느린
초승달

오늘
그대를 만난 것이
운이 좋았던 게지
금방 산 너머로 바삐 가버릴 님이고져

눈썹달, 손톱달, 깃털달
내 육신의 어디서 몰래 빠져나간 조각을
한참을 쳐다보며 쳐다보며
비틀거리며 걷는다.

백미숙

눈꺼풀에 덮인
사랑의 흔적
마른 꽃잎처럼 그림자로 남아 있다

갈색 낙엽 | 가을 속에서 | 고단한 삶의 마침표 | 구름의 눈물 | 몽골의 사막에서
사랑은 | 산으로 | 외할머니 | 조각 이불 짜깁기

PROFILE

한국문인 신인문학상으로 시, 수필 등단. 문파문학 명예회장. 한국문인협회 이사. 한국문인 상임이사 역임. 한국수필부이사장 역임. 국제pen클럽, 문학의집·서울, 여성문학인회 회원. 수상 : 새한국문학상, 한마음문화상, 문파문학상 외. 저서 : 시집 『나비의 그림자』, 『리모델링하고싶은 여자』 외. 공저 : 『한국대표명시선집』『문파대표시선집』『성남문학작품선집』『한국문학상수상선집』『신문예』『자유문학』『한국현역시인명시선』『나는 바람입니다』외 다수.

갈색 낙엽

감나무 가지에 매달린 황혼
가슴 저리며 매달려 있는
빨갛게 뭉그러진 까치밥 하나
그리움의 흔적 고스란히 고여 있다

살 떨리는 어둠 속 초겨울 저녁
갈색 낙엽이 비에 젖어 운다

지난 계절을 되새김질하며
겨울의 문턱에서 떨어지고 있다

손에 잡히지 않는 어제를 잡으려고
비바람에 시달리며 견디었는데
지난 세월의 이야기는
갈색 낙엽으로 뒹굴고 있다

가을 속에서

태양이 가을 속으로 잠겨 들었나
산기슭이 물감을 뿌린 듯 오색 옷을 입었네

비탈진 모퉁이엔 노란 눈이 내리고
바위산 갈피에는 갈색 눈이 내렸네
소금강 산자락이 붉으락푸르락
바람 따라 내려온 별들이 춤추는 걸까.

동쪽 산 서쪽 바위산에서
시샘하며 폭발하는 황홀한 원색의 광란
울려 퍼지는 불꽃 오케스트라의 향연이다.

오대산 월정사 자장 대사님이 지은 산사山寺
139호 석조 보살님 귓볼이 쫑긋거리고
9층 석탑이 불길을 잡아 주려나 보다

문득, 산 넘어 그리운 님
번개처럼 달려드는 뜨거운 가슴
덫에 걸린 쥐처럼 외로움으로
목메이게 보고 싶어 속살거리며
견딜 수 없이 젖어 드는 그리움의 열매

갈참나무 가지에서 도르르 떨어진다

새벽이슬에 잔뜩 움츠린 초라한 얼굴
치마폭에 파고들어 파르르 떨고 있다

고단한 삶의 마침표

어스름 새벽잠에서 뿌드득, 몸 일으키고
현관에 던져진 조간신문을 집어 들었다

1면 톱기사,
콘크리트 벽에 갇혀
홀로 울다 세상을 버린 병든 노인의 사진
커다란 화폭에 침수된
나의 작은 심장,

무슨 말을 하고 싶었을까?
입을 벌리고 희멀겋게 떠 있는 눈동자는
쓸쓸하게 숨을 거둔
고단한 삶의 마침표였나?

며칠이 지나도록 이렇게
상도동 지하 단칸 쪽방에
가득 찬 침묵만 남아있고
0.5 평방미터 작은 창문엔
잿빛 안개만 앉아 있었다

병술년 3월 6일 이른 새벽

새순 돋는 봄의 축제가 열리는 아침
목련은 사랑의 꽃눈 틔우고 있는데

구름의 눈물

살아가기가 고달파서 난 때로 울기도 해
떨어지는 나뭇잎아
너도 살아가기 힘들어서 떨어지는 거니?

햇살이 살그머니 보듬어 줄 때
내 가슴에 맨드라미가 피어나고
거친 바람에 맨살 찢기는 아픔에
비명을 지르며 낭떠러지로 굴러
산산조각으로 흩어져 버리기도 하지

뜨거운 여름 한 철,
어쩌다 플러스마이너스가 싸우는
소리에 놀라서 나는 폭우로 변하여
폭포수처럼 떨어지며 산을 무너뜨리고
평화로운 산마을을 덮치기도 하지

내가 울고 싶어 우는 것은 아니야
바람의 등에 업혀 사노라면
어쩌다 힘센 바람이 사정없이 나를
곤두박질 매다 쳐서 굴러떨어질 때
나도 모르게 통곡하며 눈물을 쏟아붓는 거야

난 슬퍼하지 않으려고 휘파람을 불지,
언제나 하늘 위에 둥실 떠다니고 싶은데
모두 다 평화롭게 살도록 도와주고 싶은데
나무야, 너는 나 때문에 해님을 못 보니?
나무야, 너도 그래서 사는 게 힘드니?

몽골의 사막에서

하늘이 노랗게 부서져 가랑비처럼 내린다
동토凍土에 얼룩진 몽골 사막
버려진 땅, 황무지 진드기 달라붙고
병균 득실거리는 황사黃沙
살갗 벗겨지고 맨살 찢어지는 메마른 땅
한숨 소리 가득한,
풀 한 잎 돋아나지 못하는 깡마른 사막
꿈을 심어주며 비지땀 흘리는 대한의 건아健兒들.

절망을 등에 업고 목적 없이 떠도는
시커먼 구름 걷어내고
그들과 함께 수전을 뚫어 물길을 내고
삽과 괭이와 호미를 들고
옥토를 일구며 묘목을 심는 대한의 젊은이들,
진정으로 사랑하는 따뜻한 마음 나눠주며
지구를 보호하는 노력 봉사의 옷을 입고
진심으로 기쁨과 보람으로 희생을 승화시키는
자랑스러운 젊은이들,
얼어붙은 몽골의 희망이 보인다.

사랑은

모세혈관이 움츠려 들고
숨을 들이쉬는 생명의 끈이
겨울나무줄기에 붙어서 흔들리는
한 장의 잎사귀처럼 서러워질 때
사랑은,
여름 한낮의 소낙비로 쏟아지며
쓰나미처럼 가슴속을 헤집고 들어온다

산불처럼 뜨겁게 타오르던 태양이
하얗게 부서져 서산에 내려앉을 때
은쟁반처럼 둥근 보름달 같은 사랑은
잘려나간 손톱처럼 떨어져 뒹굴고
칠흑 같던 머리에 서리 내리면
그제서야,
눈꺼풀에 덮인
사랑의 흔적
마른 꽃잎처럼 그림자로 남아 있다

산으로

노랑나비 살랑살랑 날아드는
아지랑이 자욱한 돌담 길
설레는 마음 하나 걸어간다

오른쪽 가슴에는 어머니 사랑
왼쪽 가슴에는 아버지 생각
진분홍 진달래 산으로 올라간다

바람이 따라와 치마폭 당기며
동그랗게 사랑을 그리는데
구름이 훔쳐 갈까 살금살금 걸어간다

따사로운 젖 내음 품속에 가득하고
꽃향기 안개처럼 번지는 하늘가에
사랑 마음 하나 걸어둔다

외할머니

코스모스 꽃잎이
바람결에 파르르 떨면
싱그러움
청초함
은은하게 풍기는 가을 냄새
외할머니의 숨결을 담은 듯
햇살조차 부드러워진다

싸늘한 바람 불어
꽃잎 지는 소리 들리면
외할머니의 다정한 목소리
허기지게 그리워진다

가슴 깊은 곳에서 솟아오르는
그리운 마음 부둥켜안고
외할머니 보고 싶어 흘리는 눈물
코스모스 꽃잎을 적신다

조각 이불 짜깁기

따스한 봄 햇살 살갗을 어루만지면
행복이 살포시 가슴을 채웠고
한겨울 칼바람 옷깃에 파고들면
얼음을 삼킨 듯 가슴이 시렸다

첫딸이 열 달 동안 자궁에서 콩닥거리다
세상으로 뛰쳐나와 고고지성 울린 날은
세상이 온통 내 것이 된 것 같은 기쁨에
전류가 흐르듯 찌릿찌릿 행복했다

번개 치듯 어머님 영생 길 가신 날은
봄이어도 봄이 아니었다 갑자기
눈 내리는 벌판에 버려진 강아지처럼
며칠을 엎드린 채 흐느끼며 울었다

사랑이란 글자 수없이 썼다 지우고
슬픔이란 글자 수없이 썼다 지우고
삶의 보자기에 순간순간을 짜깁기하며
사랑했으므로 행복을 알았고
행복했으므로 슬픔도 알았다
사랑과 슬픔은 자주 동의어였다

결국, 우리의 삶이란,
살아가는 하루하루 심혈을 기울이며
한 장의 그림을 완성하는 화가처럼
주어진 생명의 시간에 오색 조각을 짜깁기하며
오늘은 봄 햇살이라는 조각 하나를 덧대고 있다

전정숙

행복한 속삭임이 들려온다
그렇게 아야어요 길을 걸으면 나만의
한 편의 작품이 완성된다

500원 | 가을에게 | 괜찮아 | 그곳에 가면 | 그날을 위해 | 떠올라서
문득 | 추억의 조각 | 한 편 | 한걸음

PROFILE

2008년 구상 솟대문학상 추천완료, 제4회 성남시 장애인 예술제 금상, 2007년 전국 장애인 근로자 문화제 입선 (산문학 부문), 제6회 성남시 장애인 예술제 금상, 2008년 경기도 장애인 종합예술제 대상(글짓기 부문), 제2회 전국 장애인 종합예술제 대상, 제7회 성남시 장애인 예술제 금상, 제8회 성남시 장애인 예술제 금상, 제2회 대한민국장애인 음악제 창작음악 공모전 작사 부문 대상 입상, 제15회 민들레문학상 공모전 장려(2013, 동화) 수상.

500원

새벽에 나가시는 아빠를 붙잡고 500원만 달라고 했다
그럼 잘 가지고 있어 머리를 쓰다듬어 주셨다
아빠 온기가 남아 있는 그 애를 친구 삼아
집안 이곳저곳을 같이 굴러다녔다

저녁이 되면 어디론가 사라져 버린 친구
아빠가 들어오셔서 온기 가득 밥 한 수저를 건네주었다

7살 때까지 같이 놀던 친구가 희미한 기억으로 남아있다

아빠의 기억 속에서도 검지가 희미해져 가겠지
허나 언제나 커다란 소나무처럼 날 지켜주는
아빠의 모습은 가슴속 깊이 뿌리가 되어 있다

가을에게

뜨거운 햇살 지나 시원한 바람과 함께 찾아온 너
달콤한 과일 향처럼 공기 맑은 산길처럼
인생의 중반길 걷는 너

터질 듯한 얼굴로 고추잠자리의 어머니가 되어
바삐 살고 있는 너

구름 한 조각 곱게 펴서 분홍 펜으로
너에게 편지를 써본다
보고 싶다고

언제나

괜찮아

먹구름 가득 꼈다
곧 우드드득 비가 쏟아질 것 같다
한 방울 두 방울 비가 벽을 타고 내려온다
4시 6분을 지나고 있는 개미는 빵 한 조각을 끙끙대고 집으로 향하고
빗물은 더 세게 내려온다
빵 한 조각을 놓쳐 버렸다 비바람이 그녀를 흔들고 있다
어찌할 바를 모르고 허둥지둥 헤엄치고 있다
어느새 하늘은 무지개가 떠올라
힘겨워 하는 그녀에게 포근한 햇살이 다가와
젖은 몸을 닦아주며 괜찮다고 괜찮다고 한다

그곳에 가면

구름 한 조각으로 무엇을 할 수 있을까
하얀 얼굴 그려보기도 하고 예쁜 하트 만들어
후~ 날려 보기도 하던 어린 시절의 솜사탕 맛의 빠져본다
소꿉놀이할 사람 여기 붙어라

데굴데굴 굴러다니는 작은 공들은 한 해와 한 해를 지나 어느새
느티나무 아래 추억을 차곡차곡 모아 놓고
하나 둘 고향을 떠나 이곳저곳에
아름다운 아카시아 향기를 풍기는 멋진 여인이 되어 있고
행복한 가정을 살고 있는 엄마가 되어 있기도 하다
그곳에 가면 언제나 잘 살았느냐고 묻는 느티나무가 있다

그날을 위해

맑은 하늘에 먹구름이 가득 몰려왔다
세상은 어지럽고 혼란스러운 가운데 작은 나비가 입김을 불어가며
힘겹게 세상을 날아다니고 있다
쉴 틈 없이 방호복을 갈아입으며 헤매기도 하고
그리움을 잊은 채 날갯짓만 한다

감염된 세상 속에 희망을 품어본다
이 끝이 보이면 맑은 하늘이 다시 돌아와 잘 이겨 냈구나
웃음 짓겠지 그날을 위해 열심히 날아다닌다

떠올라서

한 방울 두 방울 벽을 타고 내려온다
검은 눈동자에 그대는 환한 미소로 다가왔다
아카시아 향기처럼 진한 그는 언제나 머리를 쓰다듬어 주며
참 예쁘다라고 이야기해 주었지

한 방울 두 방울 벽을 타고 그대는 내 곁을 떠나갔지만
든든한 벽이 있어 행복한 삶을 살고 있다
그대도 지금 어디선가 무지개 시간을 보내고 있겠지

한 방울 두 방울 벽을 타고 비가 내린다

문득

파란 하늘 분홍 꽃잎으로 너에게 편지를 쓴다
잘 있었니? 인사를 건넨다
무엇 때문에 연락을 안 받았냐고 투덜거리기도 하며
커다란 파도와 작은 파도가 만나서 여행을 가듯
우리도 그렇게 여행을 가고 있지

각자의 삶에서 해가 떠오르고 해지는 모습을 바라보며
오늘도 찐빵 같은 꿈을 안고 살았구나 생각해보겠지
너와 난 서로의 굳은살을 감싸 안으며 만났어
지금 무엇을 하고 있을까?
문득 생각나 파란 하늘 위에 편지 한 장 띄워본다

추억의 조각

함께 캥거루 춤을 추었던 그 시절 모습이 그립습니다
금덩어리라고 부르고 한 잔의 술을 즐기며
나를 바라보고 소설가가 되어야 한다고 말하셨죠

얼마나 귀했으면 9살까지 큰 날개 아래 숨 쉬게 하신 당신
지금은 아려오는 당신 손가락이 되어 있지만

그 시절 추억 하나의 씨앗이 되어
온 세계를 날아다니고 있습니다
부디 당신만 생각하세요

한 편

톡톡톡 캥거루 걸음으로 자판을 걷는다
넓은 백사장 위에
나무에 집을 그려 예쁜 아가들과 동물들이
티격태격하는 모습을 눌러 보기도 하고

가보지 못한 우주 별을 무한대로 구름 접시에 놓아두면
손가락 끝이라도 닿았던 인연들과 맛집에 들러
음식들을 서로 먹여주고
행복한 속삭임이 들려온다
그렇게 아아어요 길을 걸으면 나만의
한 편의 작품이 완성된다

한걸음

피어나는 불꽃처럼 살고 싶습니다
따뜻한 호빵처럼 누군가에게 행복을 전해 주고 싶습니다
무지갯빛 나뭇잎처럼 그런 사랑을 하고 싶습니다

울긋불긋 주근깨 가득한 삐삐처럼 희망을 안고 살아가고 싶습니다
지금 전 작은 기도를 드립니다
어둠을 밝힐 수 있는
촛불이 되기를

김용구

노년
살아온 삶의 여로
현재 걷고 있는 길
미래에 대한 불확실성
시어라는 이름으로
그려 봅니다

자연이 숨 쉬는 남도 강진 | 가을 부산 여행 단상 | 문학 동호인 가을 소풍 소묘
백선엽 장군을 기리며 | 삶 속의 만남 | 안성 팜랜드 | 여름 하루
을숙도를 찾아서 | 조병화 문학관을 찾아서 | 화담숲을 찾아서

PROFILE

충남 논산 출생. 계간 『문파』 시 부문 당선 등단. 전) 창시문학회 회장. 저서 : 공저 『그림이 맛있다』 외 다수.

자연이 숨 쉬는 남도 강진

다산 정약용
사의제 귀양살이 첫 4년 머문 곳
주막집 한 뼘의 방
맑은 생각 엄숙한 용모 과묵한 말씨 신중한 처신

다산 초당 실학 집대성한 귀양살이 유배지는
작고 소박한 집 현판이 붙은 작은 초가집이다
경제유표 목민심서 여유전서 등 오천여 권 남긴 산실

백운동 정원
조선 중기 유학자 이담로 별서
정약용 등 문사들 즐겨 찾던 시문 남긴 정원
한국 전통 원림 보존되는 곳
월출산을 배경 주변 장엄한 녹차 다원
자연이 숨 쉬는 명소다

김영랑 생가
모란이 피기까지는 명시를 남긴 영랑 김윤식 생가
현대 시문학 큰 발자취 남긴 영랑의 문학 산실
체험할 수 있는 곳

강진만 생태공원 20만 평 갈대밭 생태공원
황량한 갯벌에서 생명이 움트는 경이로운 명소

남도 한정식 돌담집
풍성한 식단 맛깔나는 음식
막걸리 한 잔에 여독을 풀다

가을 부산 여행 단상

수녀 동생 초청받은 부산 여행

남포동 수녀원
수도자들과 정다운 티타임
경건하고 친절한 모습 묵묵히 본다

용두산 공원
부산 랜드마크 부산타워
시내 전경 바다가 보이는 50층 전망대
자갈치 시장 피난 시절 언덕 위의 집 발자취 보인다

광안리 해수욕장에서
몇십 년 만에 친구 부부를 만났다

휘황찬란한 광안대교 바라보며
사당동 은행 주택에서 어린아이들 기르던 연탄의 추억
우리 부부는 젊음으로 돌아가 보았다

가을비 내리는 광안리 스타벅스 커피숍
우정의 대화 속에 헤어지는 순간 작별의 아쉬움 컸다
노년이 되어 다시 만난다는 게 쉽지 않다는 스치는 마음
택시 차창 너머 바다를 바라본다

문학 동호인 가을 소풍 소묘

코스모스가 정겨운 길
시 동호인들과 안성 조병화 문학관 팜랜드로 간다
계절은 가을 하얀 뭉게구름 떠다니는 하늘
빨간 고추잠자리 파란 하늘에서 논다

조병화 문학관 편운제 구름 속의 오두막집
시인의 삶을 회고해 볼 수 있는 곳
창작 저작물 그림 유품 전시한 문학기념관
시인 호 따라 편운제 문학관은
시인의 묘, 시비 조화롭게 어우러져 있는 고향마을

팜랜드
가을 하늘 아래 코스모스와 핑크뮬리 장관을 이룬 환상이다
동호인들 꽃 속에서 자연에 취해 행복한 모습이 곱다
저 멀리 외롭게 서 있는 나무 한그루 향해 걸으며
계절의 향기에 취해본다

기쁨에 넘친 시인들
송정 저수지 정육점 식당의 맛깔나는 만찬
행복이 가슴에 흐른다

백선엽 장군을 기리며

대전현충원에 안장된
대한민국의 명장 백선엽 장군
6·25 고아들을 위해 고아원 설립
길러주신 아버지 앞에 눈물 흘리는 모습
가슴 찡하게 울린다

나라 구한 영웅
첫째가 정직이라는 진실됨으로
미군 사령관들이 신뢰했던 덕장

1950년 20대 장군이 되어
낙동강 다부동 전투에서
'내가 물러나면 나를 쏴라' 후퇴하려는 부하들에게
선두에서 진두지휘했던 조국의 수호신
인천 상륙작전에 미군을 설득해 전술을 변경해 평양까지 돌격
'전투에서는 죽음보다 패하는 것이 더 싫다'고 하신 장군님
살아 있는 전설을 보내는 아쉬움 모두의 슬픔이다
명복을 빈다
편안히 잠드소서 장군님

삶 속의 만남

행복이라는 지름길 걷는다
꽃은 벌에서 꿀을
벌은 꽃에서 열매를 맺게 해 준다

별, 밤하늘에
반짝이며 외로움 달래주듯
나와 너
인연 속에 마음 주고받으며
자신의 존재 실현한다

삶은 만남에서 시작된다
상대에게 정성을 다해야
만남의 신비도 아름답다

안성 팜랜드

60년대 박정희 대통령 독일 방문
양국 정부 지원해 탄생한 최초의 안성 목장
축산 바탕으로 한 낙농업 발전 요람지
농촌 근대화 초석이 된 근원지다

젖소 사육 우유 생산 축산농민 낙농기술 교육
송아지 분양으로 낙농 기반 조성하고
질 좋은 우유 양산 전기를 마련한 목장이다
농촌인에게 새 가치관과 새 희망을 전파한 명소이다

안성 목장을 안성 팜랜드로
어린이들에게 감성학습 현장체험 목장으로 거듭났다

이제, 언덕 위
장미 코스모스 핑크뮬리 피고 지는 관광 명소가 되어
연인들, 젖소들과 어울리며 마음 가득히 조화를 이룬다

서독 파견 간호사와 광부의 희생
근대화를 이룩한 지도자의 위대한 결실
팜랜드 안성 목장에서
다시 새겨보는 감격스런 가을 나들이였다

여름 하루

건강 검진에 안심했던 기쁨

텅 빈 성당 벤치에 앉아
십자가 성모상 바라보며
환희 빛 고통 영광 기도를 드린다
성당 정원 수국꽃에 벌들이 안기어 열심이다
나비도 춤을 추고 있는 자연의 신비

십자가 앞에 무릎 꿇고 기도 드리는 중년의 여인
무엇을 간구하는 기도였을까
돌아가는 뒷모습이 숙연해진다

둘이서
절대자에 대한 섭리 묵상 기도하며
서로 의지하는 삶의 여정
무더위 벗하며 여름은 간다

을숙도를 찾아서

낙동강하구 을숙도
떼이 보이는 철새 도래지
생태공원이 어울려지는 곳

남해 바닷물이 들고 나는 낙동강 끝자락
강하구에 형성된 퇴적지형 삼각주 비옥한 땅
갈대 수초 무성하고 짠물 민물 만나는 곳
넉넉한 공간에 먹이 풍부해
긴 여행에 지친 철새들이 쉬어 가는 섬

40년 전 두 가족 아이들 여섯
찬 바람에 가슴을 여미는 겨울 을숙도를 봉고차로 여행했던 곳
갯벌이 숨 쉬고 각양 각색의 철새들이 모여
환호성을 치던 곳

시간의 흐름 속
아이들 중년이 되고
그 섬 다시 찾으니
주변엔 인간의 보금자리 아파트가
테마 공원이 생태 습지를 어둡게 하고 있다

조병화 문학관을 찾아서

안성 교외에 자리한 편운 조병화 문학관
수많은 시 작품을 생산하며 일생을 보낸 계관 시인
베레모 파이프 애호가의 커다란 사진이 눈에 확 들어온다

푸른 하늘 한가롭게 떠도는 조각구름 '편운'이라
멀고 아득한 곳 가장 따뜻하게 덕성 친화력으로 문단 이끌었던
일생 가슴 깊이 어머니 말씀을 새겨놓은 문학인

편운 예술혼 펼치며
문인의 사랑방으로 시인의 멋이 은은한 향기로 배어든다
유고집 그림 서예작품 늘 애용하시며 즐기시던 술 찻잔

'버리고 싶은 유산'으로 등단
창작 시집 시선집 수필집 160여 권을 출간한 문단의 거장
오늘, 시인의 작품 세계와 그의 일생을 한눈에 볼 수 있는
보람에 흠뻑 젖는다

화담숲을 찾아서

파란 하늘 시원한 바람
형형색색 단풍 물들고
국화꽃 어우러져 속세에서 떠나 살고 싶은 곳

정답게 이야기 나눈 다는 화담숲
마음 따뜻한 벗과 옛이야기하며 걷는다
새빨갛게 물든 산책로 단풍길과
여러 빛깔의 국화꽃 향기 마시는데
바스락거리는 낙엽 소리는 쓸쓸한 가을을 말해준다

옛 추억 떠올리는 정원길
약속한 다리
내장단풍 군락지
세속 잊고 자연으로 몰입한다

가을은 깊어만 간다

김건중

무엇 하나 가슴 덩어리로 얽혀 매고 있는지
삭지 않은 도마 위의 날것처럼 저려오는
몸속으로 우는 갈등, 뜸북새 울음보다 깊다

9월의 창 | 꿈은 깨진다 | 순환 | 바람은 부는데
살구 | 흔들리는 망루 | 그때가 거기 서 있다

PROFILE

전북 완주 출생. 계간 『문파』 시 부문 신인상 당선 등단. 한국문인협회 회원. 문파문학회 이사. 창시문학회 회원. 대한민국 미술대전 2회 입선. 대한민국미술협회 회원. 개인전 1회(서울갤러리). 저서 : 시집 『길 위에 새벽을 놓다』. 공저 『마침표 없는 편지』 『그림이 맛있다』 등.

9월의 창

아침 창문을 열자 쐬아한 바람이 선선하다
동쪽 등성 넘어선 햇빛 자작거리며 그늘숲 지나
아파트 모서리 바닥이 따뜻하다

부엌에선 난데없는 아내의 깡마른 소리
귀뚜라미 한 마리 설거지통에 빠져 허우적거린다고
허겁거린다. "네가 어찌 여기까지"
손 살며시 쥐어 창밖으로 넘겨 환생의 길 터줬다

본고향 찾아간 귀뚜리 익어서 누워버린 볏단 위에
메뚜기와 한 쌍되어 시린 사정 털어놓고 풍성의 노래 한 곡조
신나게 부르는데 그 맑음이 너무 청냉스러워
정선 아리랑도 웃음 짓고 지나갔다

볏단에 농로는 길어 밀짚모자의 비지땀 바쁘게 익어가고
벌이 쏘지 않아도 저절로 터지는 밤송이
꽉 찬 속살이 알알이 익어 떨어지는 밤, 저녁 살을 채운다

들판에 땀내 나는 향기로 바닥에 번져가고
하루해가 짧아 논두렁은 숨이 가쁜데
한가한 청개구리 토란잎에 앉아 깊이 쉬고 있다

마른 가지에 눌어붙은 다 벗고 가버린 매미 허물
대롱대롱 매달려 지난여름 왜 그렇게 울어댔는지
묻고 있고, 농로엔 경운기 한 대 통통 거리며 지나고 있다

꿈은 깨진다

들에서 소에 풀을 뜯게 하고 피리 불던
목가적 풍경 전설 된 지 오래고
앙증맞은 바람은 세차고
가고 있는지 오고 있는지 모를 강물 유속流速은 빠르다

왕골 곱게 다듬어 짠 짚신 신고 학교 가던
그 시절부터 한 세대를 살아온 할아버지
이제 화성에 빌딩 세워 좁은 지구촌 벗어나겠다는
꿈을 가진 손자와 밥상 나란히
무겁고 힘들었던 세월의 시린 젓가락 떨고 있다

손자는 말한다. 이미 화성에 사람 백 명을 태우고
쏘아 올릴 빌딩 같은 로켓 완성 모든 준비 끝났다고
꿈은 깨지기 위해 있는 거라고 초록 눈이 빛나고 있었다
이제 핸드폰 앱만 누르면 무엇이던 볼 수 있고 찾을 수 있고
모두가 가능한 시대. 밥은 안 먹어도 핸드폰 손에 없으면
아무것도 할 수 없는 만의 요술 방망이
운전자 없어도 자동차 굴러 목적지 가는 꿈은 현실이고
무인 자판 시장이 열리고 로봇이 알바를 대신하는
현실은 옆에 와있다

알파고는 이미 사람의 정신세계까지 파고드는
인공지능의 위력 보여 주었고, 사람의 감정까지
조절하는 기술 혁명 머지않았다니
사람을 위한 과학 사람의 설자리 잃게 하는가

장례식장에 조사처럼 이제 끝이라는 건지 시작이라는 건지
아리송한 현란의 종점에서
컴퓨터도, IT 상업의 흐름도 모르는
시대의 맹인 무임승차 카드 하나 들고 노인석에 하품이 길다

순환

영(嶺)을 넘는 물의 사연
계곡 따라 새것으로만 흐르는가

야무진 이슬방울 꽃 한 송이 진하게 피웠는데
흩어진 자리 빈 바람만 주저앉고
달빛 머문 숲의 고요는 나이테만 영근다

강 건너 외딴 너와집 고독한 베개 땀 흥건하고
뒷산 허리가 능청거린다
수양버들 까치 부르는 소리 리듬 되어
철새는 오고 또 간다

꽃잎은 지고 내일 새잎 돋아나는 길 위
빈 수레 하나 낙엽 밟고 간다

바람은 부는데

풀벌레 소리 귓가에 멈춘 지 오래고
들가죽 출렁이는 난간
칼바람 부는 도시의 귀퉁이에
각을 깎는 조각사의 땀의 얼굴 어디 가고
바람의 문 두드리면 시큰거리고 서있다

나이테 영글대로 넓어져
이제 더할 것도 탐할 것도 없어 마음도 비웠다고
수없이 뇌까리고 다짐도 했는데
무엇 하나 가슴 덩어리로 얽혀 매고 있는지
삭지 않은 도마 위의 날것처럼 저려오는 몸
속으로 우는 갈등, 뜸북새 울음보다 깊다

댓잎에 내려앉는 달빛 이슬 젖어오는
밤의 소리. 머리에 이고 잤는데
눈을 떠보면 모래성 쌓아올린
벽에 둘러싸인 빈 바닥

외줄기 바람에 흔들리는 갈잎의 뼈다귀같이
푸석한 머리 쓰다듬는 사이
"내도 나를 모른다"는 헛소리 같은 구호 하나 누워 있다

살구

아침 먹은 식탁에 살구 몇 개 올라왔다
웬 살구

나어릴 때 풋살구 훔쳐 먹고 앓고 있을 때
초가지붕 맞닿은 싸리 울타리 가운데
등실한 살구나무 주렁주렁 열렸다
그 싸리 울타리 사이 두고 앞집 용심이 뒷집 봉서
익은 살구 한 소쿠리 건너가고 보리 개떡 넘어오고
정이 들고 사랑은 싹이 텄다

용심이 봉선화 꽃 같은 얼굴 붉어지고
부뚜막 화덕에 불꽃은 튀고
봉서는 이슬 젖어 내린 풀밭 풀짐 메고
돌아오는 오솔길 홑바지 흘러내려도
흥겨운 콧노래 푸성지게 넘겨졌다

낮 햇빛에 후끈 달궈진 굴뚝 사이에 끼고
풀벌레 모두 잠든 밤의 가운데
은밀한 사랑의 속삭임 숨 가쁘게 익어간다

그때 그 시절에 익어진 살구빛

지금 식탁에 오르다니 흘러간 시간 위에
전설 같은 향이 살아나고 있다

흔들리는 망루望樓

푸른 정원의 풍경 꿈에 보는 사람들
방향 잃은 눈빛 멈출 곳 찾고 있다
119의 굉음 소리 질러 산산이 부서지고

풀벌레 하나 씹은 씁쓸한 얼굴
깡마른 시선들이 줄지어 진 11번 버스 종점
아파트 들어서는 돌계단 억지로 마련한
개미집 밟고 간 새벽 위의 사람들
돌아오는 그늘진 맨바닥

시멘트로 얽어맨 다리 난간에 빌붙어
핀 민들레 꽃바람에 흔들려 정처 없는 그 자리
푸르름 보는 시선 다 어디 가고
눈물 어린 상소문만 너불거린다

이웃과 마주 앉는 정담도
마스크 쓰고 막아야 한다는 시대의 요청이라니
그나마 있던 찌그러진 소통도 벽을 쌓아
사랑의 한 마디도 사이 띄어 건너라는 두꺼비집

안타까운 망루에 흐려지는 초점만 보인다

그때가 거기 서 있다

검은 그림자 햇빛의 조화가 싱그러운 5월
오후의 나른한 시간 시 한 수 읽으며
장닭 날개 치며 울어 제치는 시골 그 마을 간다

뽕나무 줄 서있는 바깥으로 주렁거리는 감나무 빛
가지 사이로 댕그랗게 높아 보였던 그 집 흙담
감빛처럼 그리움 안고
서 있는지 앉아 있는지 눈동자 훔쳐봤던
유일했던 기와집 안방. 수없이 들락거렸던
마음의 밭에 소녀 하나 있었다

중학교 입학 1등 성적표 받고 놀라
그 소녀에게 자랑하고 싶어 무조건 올라탄 트럭
쏜살로 가던 신작로 길. 냇가에 다슬기 잡고 있다
상상의 그늘 한 아름 피고 가던 굽어진 다리
끝내 보여주지 못했던 성적표

냇가에 낚시질하다 놓쳐버린 큰 피라미 한 마리
아쉬움처럼 그녀는 마음의 벽에 늘 붙어있었다
생생한 그림 코잠뱅이 시절
찔레꽃 새순 갈라 먹던 향기 아직도 가득한데

멈춰버린 그때가 간절하게 거기 서 있다

윤복선

지금 이 순간
시간을 잃어가는 우리는
기억을 잃어가는 우리는
예기치 못한 곳에서 슬픔이 터져도
홀로 반짝여서 이름을 갖는 너처럼

그 사람 | 마른 꽃 | 별처럼 | 슬픈 새의 집 | 종소리
천 원의 저녁 | 터널

PROFILE

계간 『문파』 시 부문 신인상 등단. 한국문인협회 홍보위원. 문파문학회, 창시문학회 회장. 한국여성문학인회, 문학의 집·서울 회원. 저서 : 시집 『숲은 아직도 비다』. 공저 『문파대표시선』 외 다수.

그 사람

걸어간다
지팡이가 먼저 나가고
두 다리가 열심히 따라간다
도심의 빌딩 숲 자동차 모든 것이 바쁜데 고개를 돌려
단풍 드는 나무 한 그루 풀 한 포기 보다가
남천의 빨간 열매
가을을 꺾어들고
당신이 웃어야
내가 행복하지
걸음이 빨라진다
한쪽이 없으면 쓸모가 없어지는
똑 닮은 양말처럼
추운 것 험한 것 막아주는 그런 당신이
가을 닮아서
한쪽이 에리고 쓰린 또 한 사람이 있다
폭풍의 시간이 지나
물방울이 서로가 서로에게 상을 비추듯이
하나의 세상이 되고
전부의 삶이 되었다

마른 꽃

스치면 베일 것 같은 젊은 날
까칠함과 도도함이 탱글 거리던 꽃잎은
붉어서 입술을 힘주어 다물었다
모래사막의 사구종달새 고소한 애벌레와의
첫 키스처럼 황홀하고 달콤했을 순간이
영원으로 기억되길 바라면서
부서질 듯 앙상한 바스락거림의 골다공증
미이라처럼 박재된 마른 향기
눈부시게 아름다웠을 그때를 기억하면서
거꾸로 매달린 링거처럼
빨간 수액이 천천히 빠져나가더니
맑은 달빛이 되었다
자화상 앞에
말없이 바라보다
고개가 끄덕여지고 끄덕이다가
눈물도 없어 지나간 시간이 가슴으로만 흐르는
그래도 꽃이다

별처럼

어린 시절
비가 그치고 햇빛에 무지개가 떴을 때
한쪽 끝은 꿈을 꾸는 동심에 있었다
초등학교 저학년 때 무지개의 과학적 원리를 처음 알았던 날
하루 종일 까닭 없이 허전했다
알고 싶지 않은 비밀을 알아버린 것처럼
소중한 것을 잃어버린 것처럼
저녁이 되면
밤 하늘 총총히 박혀 폭죽처럼 쏟아질 듯 깜박이며
웃어 주던
슬픔이 뭐냐고 물어보면 기쁨을 잃어버린 것이라고 말하고
숨어버렸다
지금 이 순간
시간을 잃어가는 우리는
기억을 잃어가는 우리는
예기치 못한 곳에서 슬픔이 터져도
홀로 반짝여서 이름을 갖는 너처럼
우리는

슬픈 새의 집

포르르
숲길을 날고 하늘길을 날 수 있는 자유
어둠이 오면 풀섶에 피곤한 날개를 접어보는 방랑자
어느 봄날 사랑을 알았을 때
생애 첫 집이 필요해진 가장의 새
풀잎은 실이 되고 부리는 바늘이 되어
땀으로 말하는 삶의 절대적인 날갯짓이 되었다
생애 최고의 건축물 숭고하고 비밀스런 잉태의 보금자리
누구도 기회를 주지 않을 때도
세상을 원망할 줄 몰랐던 작은 새는
예고 없는 굴곡진 삶을 살아야 했다
소리없이 잔인하게 먹이감이 되어 둥지를 공격하는 적수
숲이 떠나가라 울부짖는 소리가 힘에 부쳐
숨소리마저 사라진 적막함
둥지는 결핍으로 쌓여지고 찬바람 스치는
땅과 하늘의 경계
몸과 마음의 경계
관념의 집이 되었다

종소리

심장소리가 시계 초침 소리가 너의 숨소리가
날마다 태양을 밀어 올려
종소리를 낸다
직박구리는 나비 대신 동백꽃을 피우고
빗물 받은 연잎에 개구리 알은
올챙이가 될 수 있을까
애벌레 번데기는 나비의 탈바꿈 아바타
나비는 다시 번데기의 시간을
돌탑에 달고
해 질 녘 동박새가 녹차밭에 둥지를 트는 것도
홍여새의 배설물에서
겨우살이가 자라는 것도
오늘 우리가 함께 이 자리에 있는 것도
종소리였다

천 원의 저녁

퇴근시간 골목 사거리에 폭풍의 시간을 넘나드는
트럭 한 대가 서 있다
키다리 아저씨의 바쁜 손길, 과일을 팔고 있다
자두 복숭아 한 바구니에 칠천 원
천 원을 빼준다고 목소리를 높였다
솔깃하여 지나치려다 두 바구니를 샀다
집에 들어와 식탁에 올려놓고
옷을 갈아입고 나오는데
띠리릭 현관문이 열렸다 간발의 차이로
남편이다
손에 쥐어진 까만 비닐봉지
"뭐야"
"응 요 앞에 트럭에서"
오마이 갓 한 번도 없었던 일
식탁에 닮은 봉지 네 개
계절을 담아온 빨간 자두 복숭아가 살짝 벌어진 비닐 사이에서
배시시
안 맞어 하나에서 열까지 로또처럼 안 맞던 남편과 내가
하필 천 원으로 통했다
한 주일 내 갈아먹고 베어먹고
당지수가 엄청 올라가겠다

솔씨 하나 땅속으로 떨어져
천 년의 소나무가 된다는 저녁이 깊어간다

터널

용서 고속도로 하운산 터널
상어가 입을 하마처럼 벌리고 기다린다
자동차는 진공청소기처럼 빨려 들어간다
빛은 살아지고
천장의 양옆에 상어 이빨처럼 형광등이 하얗다
가끔은 등이 나간 썩은 이빨 사이로
산소가 들어온다
달리는 찰나가 안전해야만 하는 것은
신이 결정할 문제인가
누구도 모르는 이야기를 풀어가던 GPS도 끝이다
차창에 비친 내 모습
컴퓨터 자판기에서 써 내려가는 인생의 장편소설
상어가 입을 다물기 전
정해지지 않은 결말이 궁금하다

이종선

나뭇가지에 누워가는 쪽달 붙잡고
안갯속에 그 이름 불러본다

가을 하늘 | 나를 달래며 | 슬픈 인연 | 승봉도 | 어둠의 늪
추적이던 밤 | 하늘 높은 날

PROFILE

2019년 계간 『문파』 시부문 등단. 문파문인협회 이사. 창시문학 회원.

가을 하늘

흑 백의 단발머리 소녀 하얀 구름 위에
핑크빛 색칠하던 따스한 그 손길 그립다

가을이면 코끝으로 더듬어
여물지 않은 생각들 내려놓고 하늘만 바라보던 여인

낮달에 묻어 흐르다 돌부리에 채여도
손잡고 갯돌 길 걸으며 푸른 눈빛으로 약속했었지

시간 위에 발걸음 세워놓고 사락사락 밀당하며
은빛 바닷가 금모래 밟으며 뒹굴고 즐기자던 그

언젠가부터 숲의 숨소리도 들리지 않는 바윗돌에나
이파리 털어내는 자작나무 뒤에도 그대 영영 보이지 않네요

풀벌레 슬피 우는 밤하늘은 높고
마음은 깊어 가는데 그녀는 어느 별을 새겨보고 있는지

달빛 고운 날
당신 생각에 서러운 시름만 가득하네요

나를 달래며

가야 할 길 몰라 두리번거리며 구름에 묻어온 날들
바람에 떠밀려 둘레 길 걸으며 하늘만 바라본다

너와 나 빈 잔 채우려던 시간 위에 빼곡히 쌓인 사연
세월의 크기만큼 버거웠던 날들 지울 수 있을는지

아픈 기억 보듬어 다독이며 즐기고 싶었는데
어쩌다 눈물로 얼룩진 길목에서 나를 달래야 하는지

그대여, 이제 눈 내리고 애증 어린 마음으로
온 길 돌아 삭이며 심장 소리 맞춰보면 어떨는지

울고 웃던 날들
한숨에 묻어나는 아픈 사연 서글퍼도 발길은 자꾸만

슬픈 인연

산허리를 감싸 안고
바람에 흔들리는 구름 사이로
다문다문 흐르는 자동차 불빛은 별이 되어
안갯속에 하나 둘 잠든다

달빛에 비친 나뭇가지에
옹기종기 매달린 사랑
바람에 우수수 쏟아질까 두려워
다독이며 뒤척이는 그림자 애처롭다

고독이 돌아누워
하얗게 서리꽃 피는 밤
눈썹에 매달린 그리움은
나를 촉촉이 물들이며 그리 우는지

거미줄처럼 얽히고설킨 사연
지우지 못하고 뒤뚱대며
눈물을 삭이다 안개처럼 부서진 우리

아련한 가로등 밑에서
작은 가슴 움켜쥐고 손 흔들던
그대 모습 지울 수 없어 아프다

승봉도

가을의 대문은 닫히고
초겨울의 문턱을 넘어선
낙엽은 소복이 잠들어 있는데
낮게 부딪는 바람 소리는 사락사락
그대 치맛자락에 매달려
가슴 뜨겁게 흔들던
지워진 계절의 승봉도 이일 해변
찰싹찰싹 은빛 물살 가르며
금빛 모래 발끝에 채이던 사승봉도
어느 날인가
아픈 추억은 별이 되어
촛대바위에 걸쳐 누워가는 해 그림자 따라서
당신은, 백사장 은빛 조개껍데기 밟으며
탱글했던 팔 붙잡고 그런저런
생각의 문을 열던 이야기들
파도에 부서지던 그 웃음소리
부처바위 앞에 묵상하던 얼굴
갈매기 날갯짓에 서럽게 옷깃 여며도
마음은 언제나 그리움이다

어둠의 늪

가을바람 살가워 동산에 오르니
낙엽 하나 외로이 내 가슴에
풀꽃처럼 순연하게 몸짓하는데

기다림이 되어버린 안갯속에서
그대 찾아도 보이지 않네
예쁜 꽃도 시들면 나비도 찾지 않는 것을

새벽을 닫는 어제와 같은 길섶에서
푸른 물빛 사이로 비친 기억을
물질하는 한 마리 백조는

시간 위에 멈춘 갈대숲에서
봉긋한 꽃덤에 얼굴 묻고 싶어
오늘 밤도 어둠의 늪을 더듬어 본다

추적이던 밤

수채화처럼 울긋불긋
산자락을 감싸 안은 구름안개
적적히 흐르다 맺힌 이슬
서럽게 고독이 뚝뚝 떨어지는 날

창밖은 까만데
돌아선 그대 머리는 하얗고
눈가에 핀 서리꽃 훔치던 그 손
작은 심장 흔들어 깨우는데

세월의 마디마다 시리도록
가픈 언덕만 바라보고 왔는데
아직도 가야 할 끝은 보이지 않아
돌아누워 눈 귀 닫고 뒤척이는데

싸락눈 추적이던 밤
수화기에 아련히 들려오던
낮은 노래도 정겹던
당신 안에 둥둥 안기고 싶은데

하늘 높은 날

은행 나뭇잎 우수수 쏟아져
융단처럼 노랗게 깔린 공원 길 걷는데
어린아이처럼 투덜거리며
부서지는 저 소리 아프다

그대 언젠가
십일월의 하늘 높은 날
푸른 물빛 출렁이는 천변에서
시린 손 어쩌지 못해
내 주머니에 푹 집어넣고
귀엽게 머리를 기대며
서릿바람에 흩날리는 머리카락
손으로 가볍게 쓸어 올리고
아프게 토하던 깊은 한숨은
아직도 귓가에 얇게 울리는데

당신은
지금 어디서 무엇을 하는지
시간 위에 까맣게 잠든 기억들
곱기만 했던 그 사연들 그립다

박진호

별빛 따라 모래 언덕 넘는
갈증의 황량함

그럼에도
별빛을 품는 온정에 한 걸음씩 간다

음악 | 함께하는 | 무엇일까 3 | 점점 | 비
벽과 바람 | 고드름 | 찰나의 미 | 불꽃 | 데칼코마니

PROFILE

서울 명륜동 출생. 계간 『문파』 시 부문 신인상 당선 등단. 저서 : 시집 『함께하는』. 문파문인협회 회원. 한국문인협회 회원. 한국문인협회 성남지부 회원. 동국문학회원. 한국가톨릭문인회 간사. 국제펜클럽 한국본부 회원.

음악

바람의 끝에는 붓이 있어 그림의 향이 울린다 비워 내지 못하는 속물의 역한 향을 씻어 주듯이 차분한 한 마디 흐름마다 쟈스민 향이 베어 있다 쟈스민 향이 그려가는 자국마다 흥겨움이 있다 흥겨움의 어깨 춤 뒤에 오는 완성된 그림자는 영혼 안에 명품으로 가득 찬 충만감으로 보인다 어제오늘의 그 모든 순간 속 만들어가야 할 것 잊어버린 추억의 안타까움마저 한 선율이 되어 마음속을 채워주는 뿌듯한 안정감으로

이 순간해야 할 내일의 희망이 들려온다 바람의 오현 위의 콩나물들을 튕겨보다 보면 채움과 비움의 울림으로 영혼은 배부르다 소중한 순간의 간절함을 이해하는 듯이

함께하는

마루에 앉아
뭔가 하던 습관에
놓치고 못 본 그림자

깨어진 아픔 속
바라보지도 않아
더 아프게 하냐고

기도도 더 이상
애걸 말고
편안한

제발 좀
쉬는
시간 갖자는 그

무엇일까 3

늘 열심히 살아도 모르는 모습의 나
아는 진리는 경계선 모르는 오답
이용하고 이용당하는 먹이 사슬 속
머리를 따르던 결과 후회만 느낄 뿐
마음으로 물러설 수 없는 링 안에서
비켜서서 허공만 물어뜯습니다
나 아닌 우린 서로의 피해자라고
우기고 도망치고 싶지만
도망갈 구멍 없는 질그릇 안이었습니다
우리가 우리를 아는 진실도 거짓의 파편
내가 나에게서 도망하기를 시도했습니다
그 탈출구가 명상 또는 기도라 하네요
그 기도는 효과가 있는 것 같아
이불 속에 머리 박고 마음속 이야기를 하는데
지나가던 개가 듣고 짖으니 해명할 필요가 없더군요
왜 나를 축복할 시간이 없나요
왜 언제나 선 밖으로 밀려나나요
늘 그렇게 그 자리에서 놀고 있지요

점점

사막에서 길을 잃어도
낙타의 본능을 따라
오아시스 찾듯

고난 속의 희망을 담아
나누는 대화
그는 내 안의 느낌

누구를 위한
누구에게 갈구하는
누구를 확인하는

햇살 속의 먼지처럼 드러나는
쌓여 온
삶의 흔적

비

슬픔을 품고 먹구름을 몰고 오는 바람결
빗방울 하나하나 맺히는 아픔 느끼며
나뭇가지의 잎도 힘껏 흐른다
하늘을 우러러 이겨내야 할 숙명처럼
빗 뭉치의 타격은 내 안의 잠재된 응어리를 푼다
이 생의 전 생애 씻어 낼 수 없을 만큼 아픈
상처들을 잎사귀는 빗방울에 내어 놓는다
하늘과 땅이 화해할 수 없는
비밀을 오늘 비로소 타협하려나 보다
빗방울을 흘러 보내며 내 비밀 또한 흐른다
수천 년의 한이 흐른다
수억 년의 한이 흐른다
내 속의 아픔이 시원해한다

벽과 바람

벽은 벽이라는 외침으로 홀로 서 있어
바람 같은 변화로는 채울 수 없다지만

바람은 높고 낮음의 변화도 차이고
돌고 도는 것도 하나의 방법이라 하지만

벽 안에 부는 바람은 이 세상의 우물물 같은
조촐한 마음

고드름

녹아내려 오며 언 그대
다르게 세상을 보는 맘
남다른 고통이 있겠지요
눈물이 땅을 적시더라도
고백해야 할 진실을 업고 있기에
강한 한파를 이기고 강해지나 봐요

그대만 볼 수 있는 신세계
흰 눈과 설원의 아름다운 세상에도
남모를 고민이 있군요
투명한 몸으로 천장에 매달려
가져오는 진실은
그대만 알뿐이지요

찰나의 미

날아오르는 비둘기의 날개 춤 위에
구름 사이를 뚫고 내려온 햇살 웃음

꽃 무리 속 섞여 있는 나비의 꿈
파도의 물보라 벽을 타고 가는 서핑의 멋

처마 끝 낙숫물이 항아리 안의 벽을 울리는 소리
심금의 줄을 연주하는 빗방울의 한 획

오고 가는 마음의 한 술 건배
어슝그러한 뚝배기 한 사발

불꽃

마음의 그림이 피네
조그만 캔들 하나 불 피네
성상의 지긋한 눈빛
심지가 그리는 하트
성냥 잡은 손 떨림의 그림자

마음의 소원이 피네
자그만 불꽃의 양초 하나
성상의 자비의 눈빛에
무리의 양초들보다 눈에 띄네
기억된 보살핌의 은혜랄까

마음이 불꽃이었네
내려놓은 숨소리가 불꽃이었네
사랑도 슬픔도 불꽃이었네
영혼도 불꽃처럼 춤추었네
두 손 모은 기도 불꽃 안에 있네

데칼코마니

거울 앞에 서 있는
아이의 당혹스러운 관심

두레박 올리는 아낙의
우물에 비친 반영

눈 감고 그려보는 하루의 일과
떠오르는 느낌과의 대화

접힌 색종이 안의 물감의 퍼짐 같은
내면에서 들려오는 종소리

강정임

그림자 없이 서 있는 무심함
이별, 보내는 마음만 아픈 건 아니라니
다시 만날 기다림, 마음 손 모으고 있다

극락조화 | 매화 | 목련화 | 작약 | 산수유 꽃 | 철쭉꽃 | 해바라기

PROFILE

2007년 『문학마을』 시 부문 신인상 등단. 문파 이사. 창시문학회 회원. 연세대학교 교육대학원 졸업. 연세대학교 사회 교육원 교수 역임. 사)한국 꽃 문화협회 三代 이사장 역임. 향원 꽃 리서치 연합회 회장.

극락조화 Bird of paradise

가을 하늘에 떠있는, 독수리처럼
부채 펴듯 양 날개 쫙 펼치고
저 높은 곳 날아올라
빗질하듯 내리쬐는 햇살 부여잡아
서산마루에 걸쳐있는 붉은 해님 머리에 두르고
농익은 가을 고추 같은 선홍색 노을, 휘날리며
한편의 아리아처럼 곱다란 시詩 읊고 싶다

황금빛 날개, 덧칠하는 웅숭깊은 뜻 담뿍한 이 순간
가뭇없이 사라질까
두 눈 감고 있는 극락조화

매화

"체감온도 영하 12도" 날아온 써늘한 소식에
한껏 핀 제주의 성현
설중매雪中梅 근심스런 모습도 고와라

화첩에 누워있는 김홍도 늙마 매화, 가만히 쳐다보니
비바람에 시달린 옹이 밑에 초롬히 피워낸 한 송이 평화
품 안에 보듬고 있다

장대처럼 치솟아
보름달 꿰차고 기세부리는 뒷전 귀퉁이
늙수그레한 사람 하나 늘키고 있는데

봄볕 타고 퍼지는 매화 향기

목련화

종다리 우짖는 소리, 너무 고와서
벙긋하는 꽃봉오리 주위 둘러보는데
녹음 우거진 숲, 길손 하나 없다

지난해 이맘때 내게 다가와, 등 기대고
'목련 꽃그늘 아래서' 흥얼거리던 그녀도 가뭇없다
그 여운 아직 귓가에 퍼덕거리는데
모나리자 사라진 빈자리 '못'처럼 덩그러니 서 있다

악령이 허공을 활개쳐도, 어쩌지 못하고
일상의 자유로운 고마움, 몰랐던 것 부끄러워
두 손에 얼굴 묻는데
하늘 향해 하~얀 양손 모으는 목련화
태양빛 보듬고 있다

작약
- 함박꽃

식탁 모퉁이, 이슬처럼 영롱한 유리병에
꽂혀 있는 한 송이 작약
수줍어 붉어진 꽃볼을 보고
당겼다 놓아버린 고무줄처럼
레몬 빛 그 시절로 되돌아선다

마음 나래 펴고 온 세상 날아다닐 때
하늘 바람도 우리 사이에서 춤을 췄지
늘 그 자리 서있는 이정표처럼 변할 줄 몰랐던 순수한 시절
깨끗이 지워진 새까만 칠판에
맑은 봄날 아지랑이처럼 레몬 향 피어오른다

또 하루 저무는 오늘이, 과거에 이어 붙는 아쉬움에
눈 감고 허공 향해 그냥 웃는다
함박꽃처럼…

산수유 꽃

아직은 시린 봄날
잎보다 먼저, 선잠 깬 그 꽃
실눈 뜨고 둘러 본 주위 버들가지
시래기처럼 누렇다
삭풍이 살을 에듯 차가운 날에
안으로 안으로만 파고든 인고
폭죽처럼 터뜨리는 노란 환호성
파란 하늘에 수繡 놓는다
영원히 닿을 수 없는 별처럼
멀게만 느꼈던 따사로운 봄볕
긴 겨울 끝의 아침 햇살, 보석처럼 빛나고
무심하리만치 샛노란 산수유

철쭉꽃

구룡산 마루 피어있는 그 꽃
속내 감출 곳 없어
붉어진 얼굴, 실눈 웃음 짓는데

문득, 아름다운 사람 하나
내 손 보듬고 탄성 지르니
마주 보던 앞산 피식 웃는다

조금, 아주 조금은 숨길 수도 있는데
깊은 곳 속마음 열고 활짝 피우는
여유로움

장대처럼 서있는 내 곁 참나무
잎사귀 사이로 비추이는 춤추는 그림자
조그마한 행복감

해바라기 向日花

화려한 단풍 빛 아침햇살, 동녘 하늘에는
해맑은 미소 머금은 붉은 덩이 차오르고
긴 어둠 걷히지 않을까 졸인 마음 녹아내린다

둘이서 맞추었던 눈
기왕이면 서쪽 우듬지까지 버틸 일이지
얽힌 한 서리서리 품은 응달로 돌아서는가

그림자 없이 서 있는 무심함
이별, 보내는 마음만 아픈 건 아니라니
다시 만날 기다림, 마음 손 모으고 있다

임복주

붉게 물든
저녁노을빛 떨어진 낙엽
가을의 끝자락에서
나를 위한 여행을 시작합니다

가을 | 가을 교정 | 나를 부르는 이름 | 낙엽비를 맞으며 | 당신 | 마른 햇살 | 바람 냄새
여고 동창생 | 여름을 보내며 | 한줄기 빛

PROFILE

창시문학회 회원.

가을

소슬바람에 이끌려
걸어가는 숲길

따가운 햇살 아래
곱게 물들어가는
나뭇가지마다 빛나는 색
솔바람 내려도
꼿꼿한 자태

깊어가는 가을
붉은 단풍잎
익어가는 연인의 모습

샛노란 잎새
떨어지는 소리
가을소리

가을 교정

이른 새벽안개를 거스리고
바람의 흐름을 호흡하며 너의
대학 교정에 들어선다

병풍처럼 둘러진 가을 산
교정마다 작은 오솔길 나무 사이로
따스한 햇살이 은빛으로 반긴다

강의를 마치는 오후 시간까지
긴 기다림의 일정

어디로 가야 할지 망설이며 주홍색
스카프 꽉 조여매고 늦가을 정취에 취해
옛 생각이 익어간다

정의란 무엇인가 고민하며
하얀 날개를 펴 무리에 동참하여야 한다고
갈대의 몸짓 따라 조금씩 흔들리던 순수했던
그 시절이 그립다

어느덧 감빛 노을 물든 석양을 맞으며
엄마하고 달려오는 너와 함께 길을 나선다

나를 부르는 이름

깊은 가을 속으로 들어가면
아스라이 떠오르며 먹먹해지는
사람

푸른 잔디 나를 반기는 초원
힘껏 팔을 휘두르며 즐거운 비명소리
아랑곳 없이 다가오는 사람

뒤돌아온 길만큼
드넓은 바다 세상을 모두
보여주고 싶다

내 삶의 시절마다 함께하고
내게 머무는 향 코끝을 찡하게 스치는 바람도
인자한 그림자로 감싸주시며

나를 부르는
그리운 이름

낙엽비를 맞으며

붉게 물들어 불꽃이 번쩍이는
가을 산행 끝자락

이제 자유로울 수 있다고 망설임 없이
허공에 떨어지는 낙엽 비

나뭇잎 사이로 한줄기 환한 햇살
마지막 받으며 우수수 쏟아진다

형형색색 풍경의 생생함
시간 가는 줄 모르고 사색에 잠겨
마음의 영혼에 눈을 뜬다

돌아오는 길
흐느적거리는 나에게
오늘이 가장 화려한 날임을 일깨워 주며
가슴을 훑고 적신다

가을이
나를 안으며 조용히 지나가고 있다

당신

노을이 지나가는 자리
감빛 물들인 수줍은 낙조
해변을 드리운다

작은 통통배 지나가는 자리
머물기를 원하지 않는 은빛 물결
파도의 일렁임

별 하나 떠오르고
희미한 불빛들 모여 환한 무리
바닷바람 파도 소리 들으며 너의
열기 속으로 다가선다

서늘한 푸른빛으로 익은 바다
너도 여름 나도 여름이다
내 마음에 일렁이는 물결

마른 햇살

비가 내려요
톡톡 떨어지는 소리가 좋아
우산을 들고 빗속으로 걸어가지만

마른 일상도 잊혀져가는
하늘이 열린 듯 멈추지 않는 비

눅눅한 삶 하소연 절망 슬픔의 소리
물밀듯 몰려와요

절망을 다독여 마른 햇살을 주세요

빗줄기의 사각지대에 갇혀
순간 할퀸 상처, 젖은 몸과 마음
어지럽게 뒹구는 이웃들

흐드러진 개망초꽃 쓰러진 몸 일으키듯
흔들리는 마음 올곧이 세워주세요

바람 냄새

어디라도 가는
발길마다 가을이다

아무 데라도 그저 바라보면
푸르디푸른 하늘
샛노랗게 물들어 가는 은행잎

온 들녘이 감빛 색으로 익어가는
해 질 녘 노을

묵혀 둔 일상
잔잔한 그리움의 친구
문득 생각하며 나를 차곡차곡 접어본다

채색의 나뭇잎 바람 냄새
무작정 길을 나서고 싶은 계절

내 마음에 가을이 물들어간다

여고 동창생

초여름의 햇살 가득 담아
우리는 송리단길 삼거리
설레임 향기 맡으며 커피 맛 진한
그 카페에서 만났다

꿈도 많았고 내일의 그리움을
꽃피우며 함께 했던 여고시절로 돌아가
까르르 웃음소리 터지는 여전히
달뜬 모습이었다

폭풍우 같은 날들, 잔잔히 흐르는 날들
너의 삶, 나의 삶 나누었지
맑은 향기로 서로 어루만져 주며
우리는 하나가 되었다

때 묻지 않은 그 시절의 마음 조각을 떠오르며
오늘도 아름다운 내일을 설계해 보았지
조용한 용기를 내며

여름을 보내며

길을 잃고 찾아온 햇살에
마지막 여름도 익어가고
산등성이 서산 노을빛은 오늘도
고요하다

고된 하루에 지친 일상 날개 펴고
푸른 가슴 열어 희망의 노래를 한다

다시 살며시 고개 드는 폭우보다 강한
전염병의 시대

거리마다 시름이 깊어진 한숨소리
흔들림 없는 들꽃도 바람에 흩어진다

이 여름의 혼돈 속에 나보다는 남을
더 생각하는 사람들이 넘쳐나기를
검은 장막 걷어 젖히고 열린 가슴으로
세상 보기 한다

그 비움으로 오는 가을

한줄기 빛

거리마다 우울한 빛

햇살 한 움큼 주워 담아보지만
이내 빠져나가네
세상은 언제나 눈부신 햇살과
어두운 그늘을 안고 여전히
흘러가고 있다

오래전 약속한 너와 나의 소통은
차단되어가고 거리두기 경계에 지쳐가는
한숨 짙어가네

안전지대 없는 오래된 일상

걷고 걷다가 멈춘 정자의 작은 연못
한줄기 빛 사이로 붉은 수련 꽃망울 살포시 고개 내밀고
재잘대는 새들의 끊임없는 외침

너와 나 서로 응원하는 신선한 언어 안고
환해지는 새날을 기대하는 밝은 소리 들었네

이주현

세상 슬픔 혼자 안고
자작나무 밀림 헤치며
달려올 것 만 같아

눈은 그곳에 보내 놓고
가슴은 물레방아를 찧는다

그리움 | 무임승차 | 시원해지고 싶다 | 이별 | 삼천 대천세계 | 가을비는 아프다
허공 | 그대는 말이 없고 | 수덕사 풍경소리 | 사금파리

P R O F I L E

경북 영양출생. 2016년 『문파문학』 시 부문 신인상 등단. 수상 : 표암문학 문학상, 불교문학 문학상 수상. 한국문인협회 인성교육위원회 부위원장.

그리움

마음이 빈 듯하여
뜰 앞에 나왔더니

별도 달도 먼저 알고
풀잎에서 기다린다

구름 한 장 손에 들고
달빛 불을 밝혀

시 한 소절 올려놓고
그대인 듯 바라본다

무임승차

슬픔도 기쁨도 내 것인 것을
소풍 온 듯 다녀가는 무임승차
돌아올 줄 모르는 인생 여로
장독대 물동이는 가득 찼는데

가슴에 옹달샘은 반 밖에 못 채우고
스쳐가는 열차를 전송하며
삶의 무게에 못 이겨
오늘도 질퍽거린다

시원해지고 싶다

살다 보면
두 다리 펴고
슬피 울고 싶을 때도 있다

아무도 모르게
오직 나를 위하여

저 깊은 곳에 숨어 있는 너와
붙어 있는 먼지까지도
훨훨 털어서
한 올도 남김없이

터지는 봇물에
말끔히 씻어 버리고

이젠 시원해지고 싶다

이별

타버린 가슴 안고
몸부림치며 떠난 길이
영영 이별이었습니다.

재가 되어
허공으로 날아가 버리고
가슴 가득 안아도
멀어지는 그리움
영영 볼 수 없는
이별이었습니다

아득히 먼 길을 돌고 돌아
한 점 구름 되어
맑은 하늘 소낙비로 오실 때
임자 없는 의자에 등을 기대고
머리부터 발끝까지
흠뻑 맞이하겠습니다
망부석처럼

삼천 대천세계

구름 위에 올라서 하늘 문 열었더니
하늘 위에 더 푸른 하늘
그 위에 또 그 위에 삼천 대천세계에
선인들이 살고 있다 하고
인간의 지혜로는 닿을 수 없는 곳
수많은 세월이 흘러간 뒤에
해탈의 문을 열고
가고 있는 그녀 뒷모습
거울 속에 담아본다

가을비는 아프다

누가 주고 간 아픔인지
약도 없다

너는 겉으로 울지만
나는 속으로 운다

세상 슬픔 혼자 안고
자작나무 밀림 헤치며
달려올 것 만 같아

눈은 그곳에 보내 놓고
가슴은 물레방아를 찧는다

철석 철석
그리움의 물레방아를

허공

그리움이
가슴에 내려앉을 때
당신 탓으로 돌렸습니다

슬픔이
눈물을 쏟아부을 때
당신 탓으로 돌렸습니다

어느 날
돌아 보면
돌아서는 그림자 하나

그러한 당신이 미웠습니다
그러한 당신이 그립습니다

어제도 오늘도
먼 훗날 그 때에도

그대는 말이 없고

창 너머 외로운 숲길
허허로움이 가슴 한 켠 비집고 들어와
누워 버렸다

간간이 새소리도 들리고
붉은 단풍 하나 둘
창틀에 매달리고

저 건너 철길 너머 희미한
그대 뒷모습 아련하다

불러보고 싶지만
달려가고 싶지만
시간이 없어
노을에게 부탁한다

수덕사 풍경소리

금붕어 한 마리 처마 끝에 매달려
달그랑달그랑
바람결에 팔랑인다

큰 스님 불경소리
세상 근심 녹아내리고

고요한 마음자리
촛불마저 멈춰 서는데
뜰 앞에는 참새 소리만 요란하다

사리탑 돌고 돌며
마음이 숙연해지고
눈물이 앞을 가린다

참회와 감사 부처님께 올리고
돌아서 오는 발길
가을 하늘처럼
맑고 시원하다

사금파리

조각난 사금파리 하나
길 위에 놓고 있다
양손엔 칼을 들고
누굴 기다린다

향기롭고 둥근 성품이었지
산산조각으로 깨어져
숨소리도 거칠다

청소부 아저씨
쓰레기통으로 쓸어 넣어 버렸고
사금파리 하나
잘그락 잘그락 서러움을 참지 못한다

창시문학 스물세 번째 작품집
나는 아무래도 시를 써야겠다